AF562163

Voy. lettre de M. Gremont du 10 Janv 1872

TRAVAUX D'INVESTISSEMENT

EXÉCUTÉS PAR

LES ARMÉES ALLEMANDES

AUTOUR DE PARIS

RELEVÉS PAR UN ANCIEN ÉLÈVE D'UNE ÉCOLE SPÉCIALE

AVEC CARTE D'ENSEMBLE ET PLANS

PREMIÈRE PARTIE

ATLAS

DE LA MARNE VERS GOURNAY AU RUISSEAU DU MORBRAS, — GOURNAY-SUR-MARNE, — NOISY-LE-GRAND, — VILLIERS-SUR-MARNE, — COEUILLY, — CHENNEVIÈRES-SUR-MARNE, — ORMESSON, — BRIE-SUR-MARNE, — CHAMPIGNY-SUR-MARNE.

PARIS

E. DENTU, Libraire-Éditeur, Palais-Royal, galerie d'Orléans, 17 & 19.

1872

DÉTAIL DES PLANCHES.

PLANCHE Ire. — Batterie n° 1 et détails. Fig. 1, 4, 5 et 6.

PLANCHE II. — Détails de la batterie n° 1 (suite). Fig. 2, 3, 7, 8, 9 et 10.

PLANCHE III. — Parc de Villiers et détails. Fig. 11, 12, 13, 14, 15, 16, 17 et 18.

PLANCHE IV. — Batterie n° 12 et détails. Fig. 19, 20, 21 et 22. — Détail d'une tranchée. Fig. 23. — Batterie n° 10. Fig. 39, 40 et 41.

PLANCHE V. — Cimetière neuf de Villiers et détails. Fig. 24, 25, 26 et 27. — Batterie n° 8 et détails. Fig. 28, 29, 30 et 31.

PLANCHE VI. — Flèche (ouvrage n° 2) et détails. Fig. 32, 33 et 34. — Batterie n° 11 et détails. Fig. 35, 36, 37 et 38.

PLANCHE VII. — Flèche (ouvrage n° 1) et détails. Fig. 42, 43 et 44. — Batterie n° 16 et détails. Fig. 50, 51, 52 et 53.

PLANCHE VIII. — Parc du château de Cœuilly et détails. Fig. 45, 46, 47, 48 et 49.

PLANCHE IX. — Batterie n° 17 et détails. Fig. 54, 55 et 56. — Détails de l'ouvrage n° 3. Fig. 57 et 56. — Batterie n° 18 et détails. Fig. 59, 60 et 61.

PLANCHE X. — Détails de l'ouvrage n° 5. Fig. 64 et 65.

PLANCHE XI. — Auberge de Mon-Idée. Fig. 69. — Lunette de Cœuilly (ouvrage n° 4) et détails. Fig. 79 et 81.

PLANCHE XII. — Détails de l'auberge de Mon-Idée. Fig. 70, 71 et 72. — Détails des murs de Chennevières. Fig. 62 et 63. — Détails de la lunette de Cœuilly. Fig. 80. — Batterie n° 23 et détails. Fig. 76, 77 et 78.

Carte d'ensemble de la 1re partie.

TRAVAUX D'INVESTISSEMENT DU

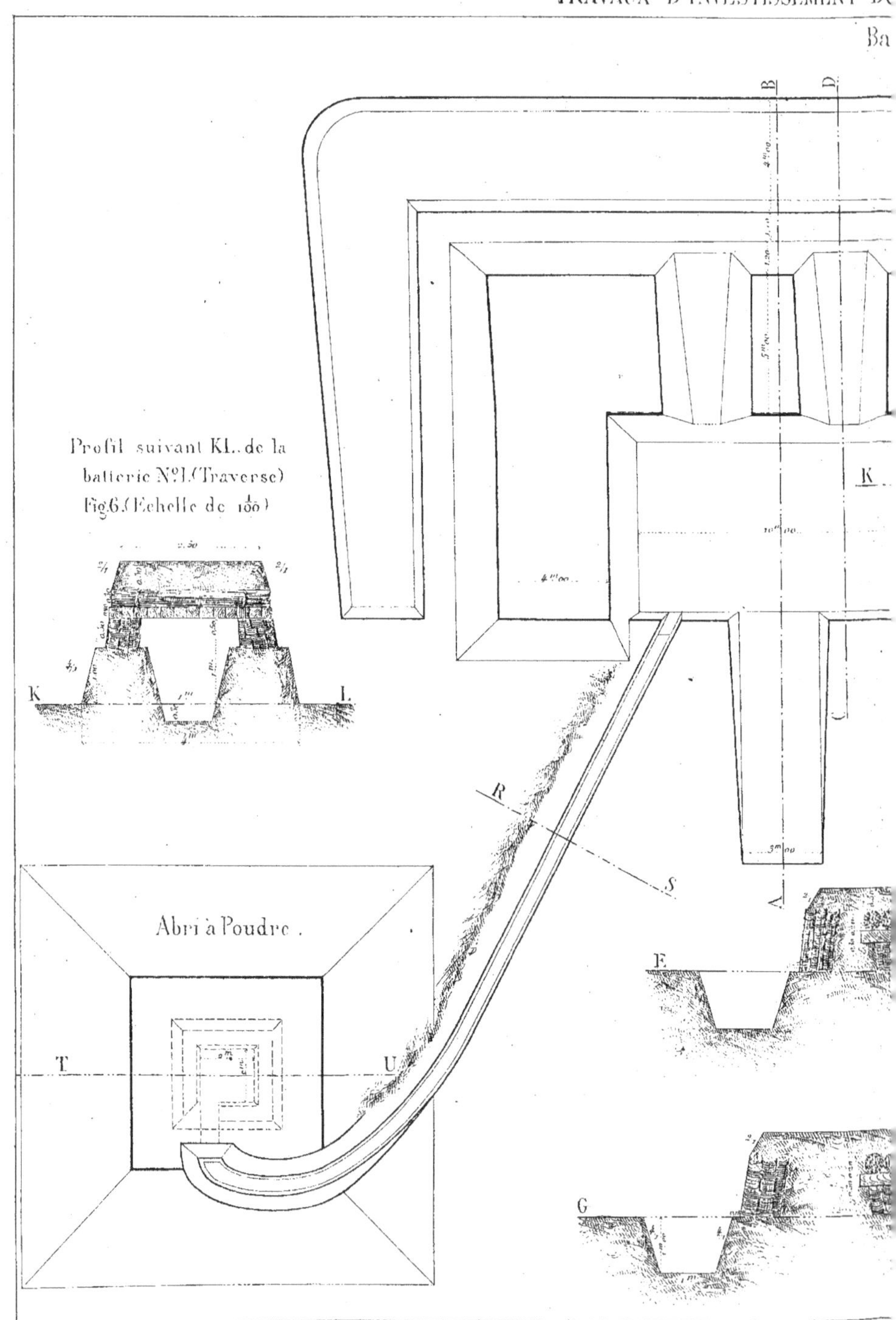

Gravé par Avril, f^res et Walker, 52. R. Gay-Lussac

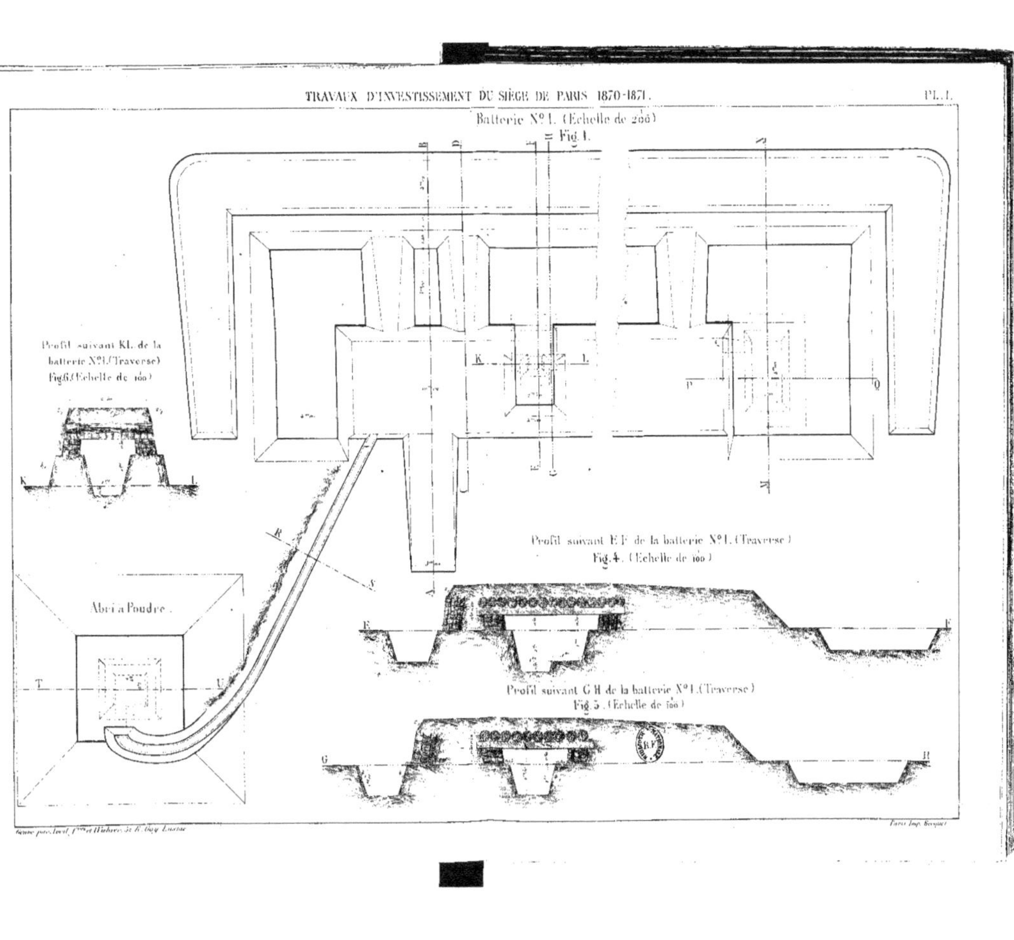
Batterie N° 1. (Echelle de 200)
Fig. 1.
Profil suivant KL de la batterie N° 1. (Traverse)
Fig. 6. (Echelle de 100)
Abri à Poudre.
Profil suivant EF de la batterie N° 1. (Traverse)
Fig. 4. (Echelle de 100)
Profil suivant GH de la batterie N° 1. (Traverse)
Fig. 5. (Echelle de 100)

Profil suivant A B de la batterie N° 1.
Fig. 2. (Echelle de 1/100)

A B

Profil suivant C D de la batterie N° 1. (Embrasure)
Fig. 3. (Echelle de 1/100)

C D

Profil suivant M N de la batterie N° 1 (Abri pour les hommes)
Fig. 7 (Echelle de 1/100)

M N

Profil suivant R S de la batterie N° 1
(Communication de l'abri à poudre avec la batterie)
Fig. 9 (Echelle de 1/100)

R S

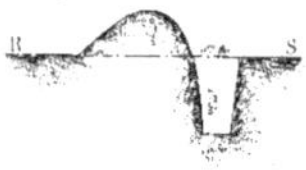

Profil suivant P Q de la batterie N° 1. (Abri pour les hommes)
Fig. 8. (Echelle de 1/100)

P Q

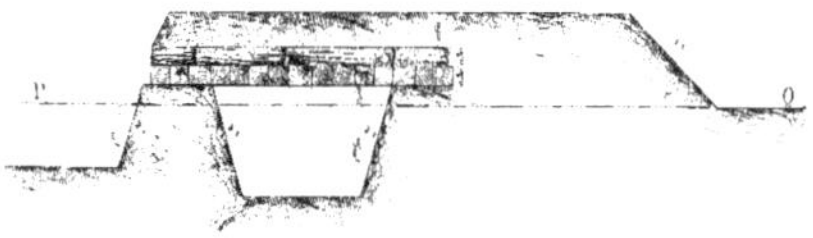

Profil suivant T U de la batterie N° 1. (Abri à poudre)
Fig. 10. (Echelle de 1/100)

T U

Gravé par Avril f^res et Wuhrer, 3z. R. Gay Lussac

Paris Imp. Becquet.

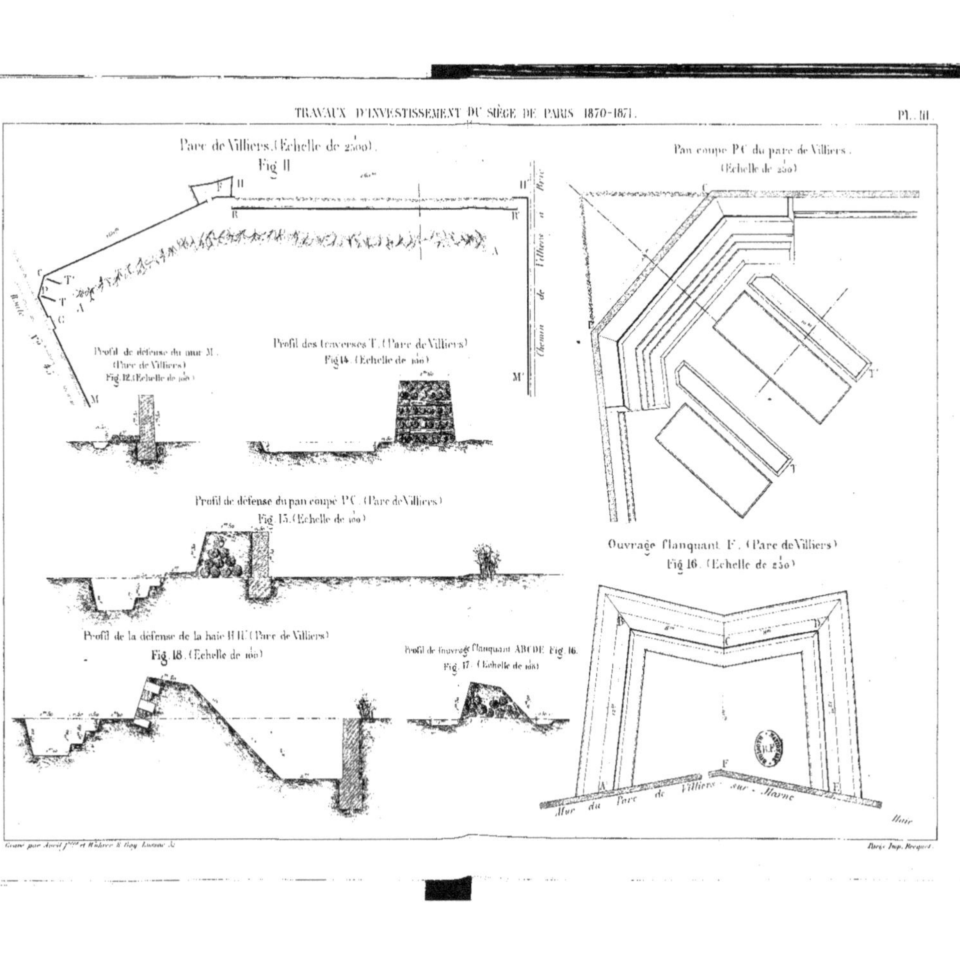

Gravé par Avril f^res et Wührer & Guy Lusson Sc.
Paris Imp. Becquet.

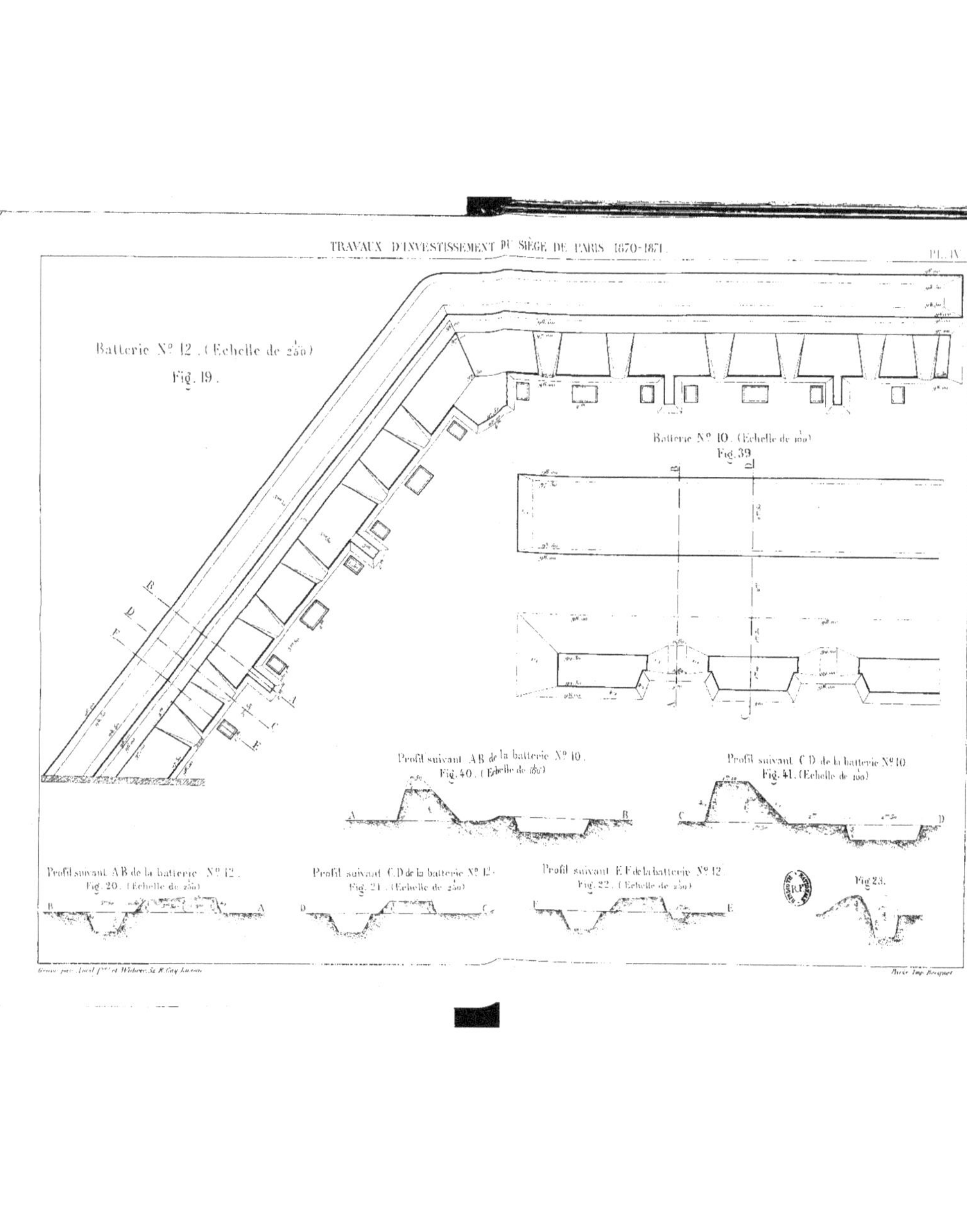
Batterie N° 12. (Echelle de 1/250)
Fig. 19.
Batterie N° 10. (Echelle de 1/100)
Fig. 39
Profil suivant AB de la batterie N° 10.
Fig. 40. (Echelle de 1/100)
Profil suivant CD de la batterie N° 10
Fig. 41. (Echelle de 1/100)
Profil suivant AB de la batterie N° 12.
Fig. 20. (Echelle de 1/250)
Profil suivant CD de la batterie N° 12.
Fig. 21. (Echelle de 1/250)
Profil suivant EF de la batterie N° 12.
Fig. 22. (Echelle de 1/250)
Fig 23.

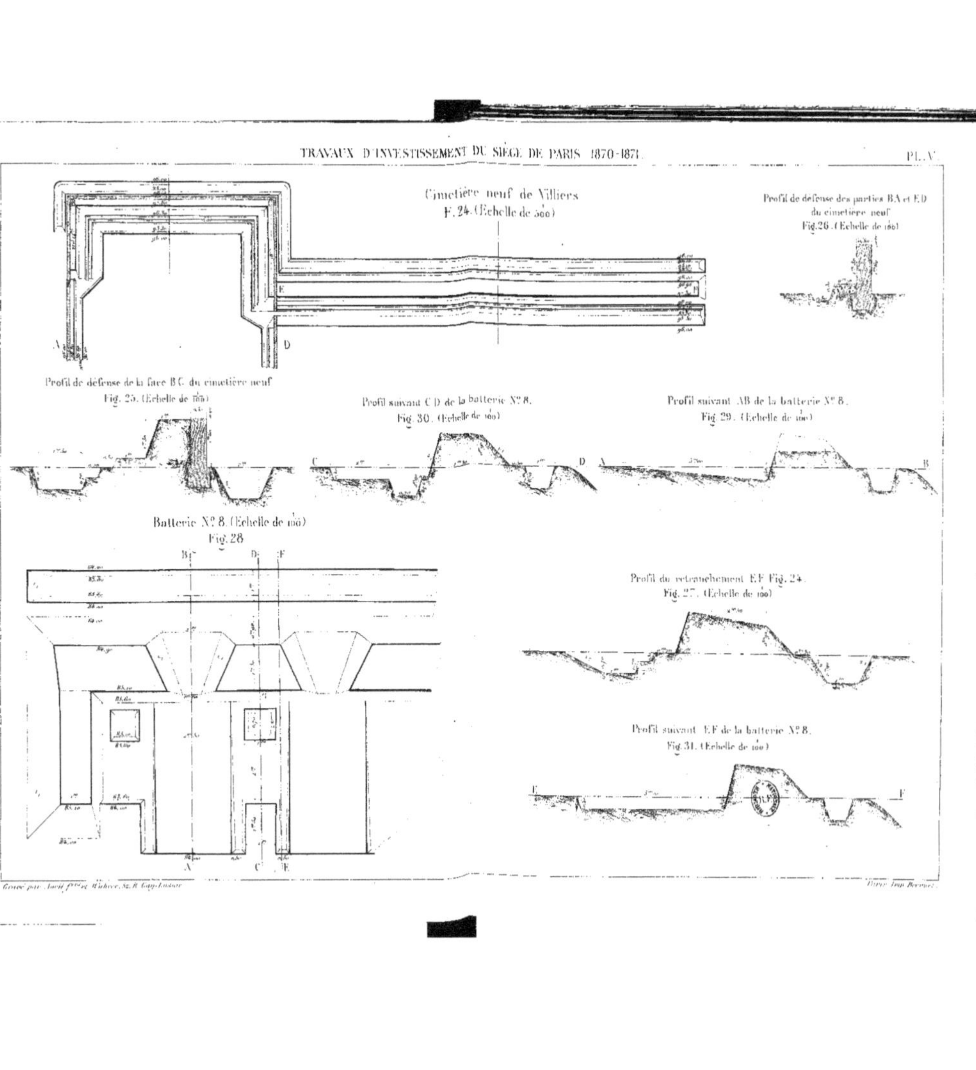
Cimetière neuf de Villiers
F. 24. (Echelle de 1/500)
Profil de défense des parties BA et ED du cimetière neuf
Fig. 26. (Echelle de 1/100)
Profil de défense de la face BC du cimetière neuf
Fig. 25. (Echelle de 1/100)
Profil suivant CD de la batterie N° 8.
Fig. 30. (Echelle de 1/100)
Profil suivant AB de la batterie N° 8.
Fig. 29. (Echelle de 1/100)
Batterie N° 8. (Echelle de 1/100)
Fig. 28
Profil du retranchement EF Fig. 24.
Fig. 27. (Echelle de 1/100)
Profil suivant EF de la batterie N° 8.
Fig. 31. (Echelle de 1/100)

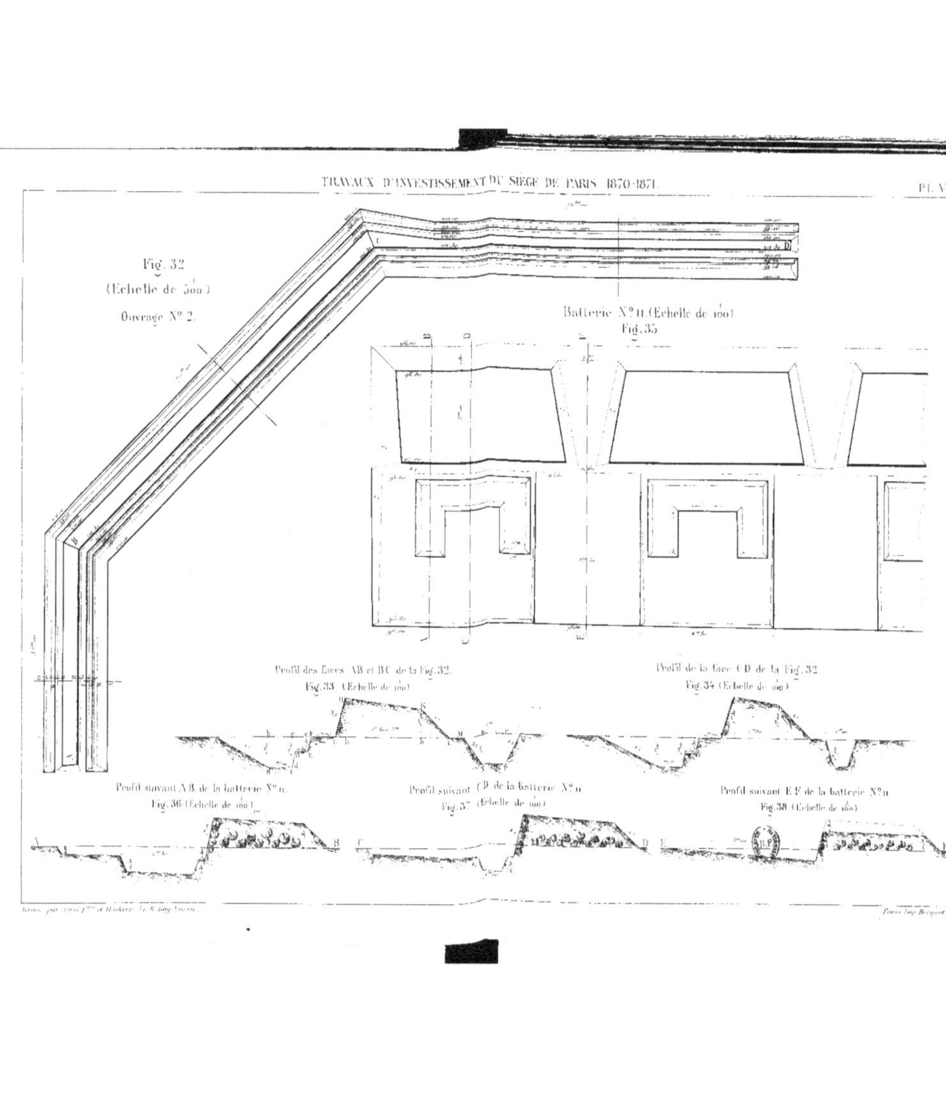

Paris Imp. Becquet

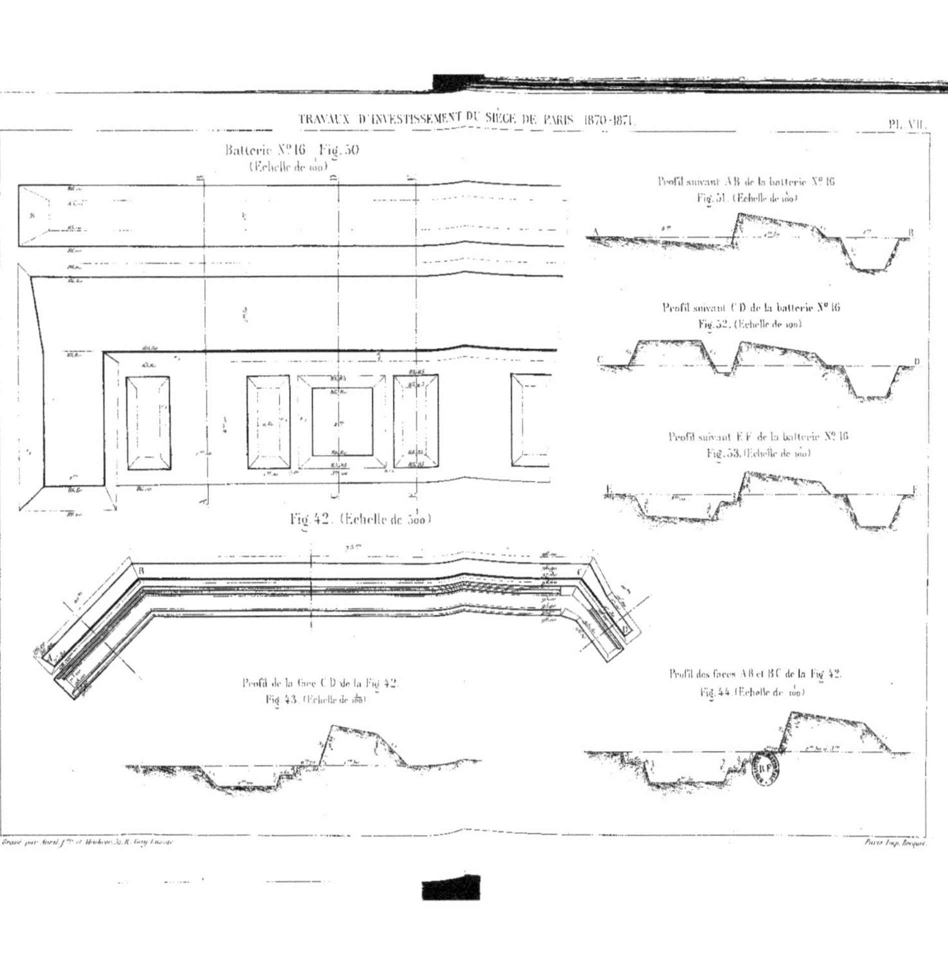
Batterie N° 16 Fig. 50
(Echelle de 1/100)
Fig. 42. (Echelle de 1/500)
Profil suivant AB de la batterie N° 16
Fig. 51. (Echelle de 1/100)
Profil suivant CD de la batterie N° 16
Fig. 52. (Echelle de 1/100)
Profil suivant EF de la batterie N° 16
Fig. 53. (Echelle de 1/100)
Profil de la face CD de la Fig. 42.
Fig. 43. (Echelle de 1/100)
Profil des faces AB et BC de la Fig. 42.
Fig. 44. (Echelle de 1/100)

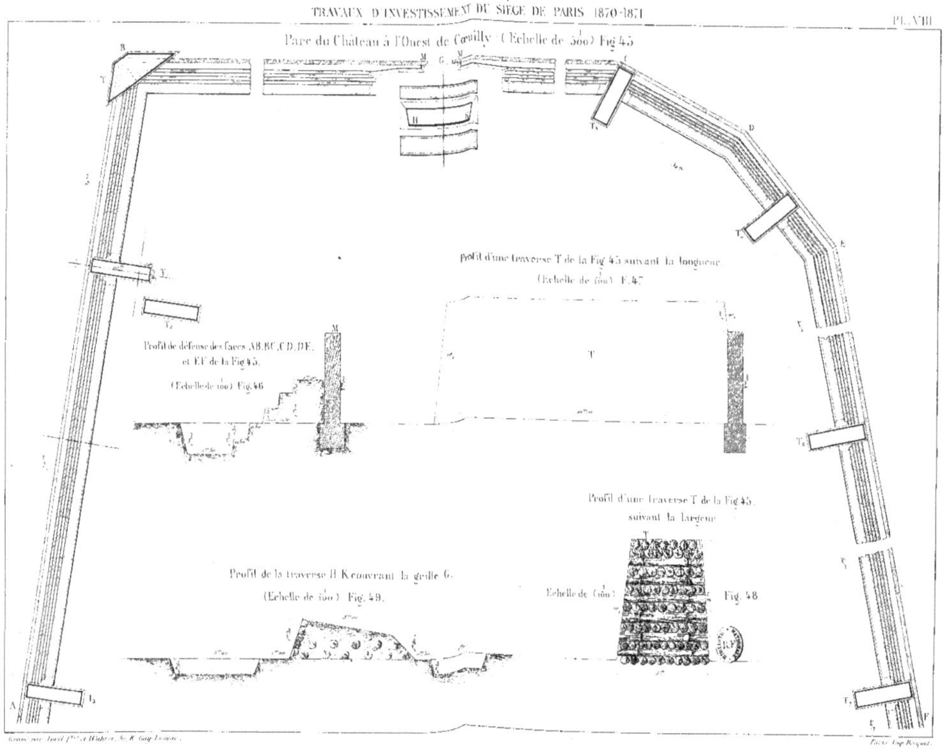

Parc du Château à l'Ouest de Cœuilly (Échelle de $\frac{1}{500}$) Fig. 45

Profil de défense des faces AB, BC, CD, DE, et EF de la Fig. 45.

(Échelle de $\frac{1}{100}$) Fig. 46

Profil d'une traverse T de la Fig. 45 suivant la longueur

(Échelle de $\frac{1}{100}$) F. 47

Profil d'une traverse T de la Fig. 45, suivant la largeur

Échelle de $\frac{1}{100}$ Fig. 48

Profil de la traverse H K couvrant la grille G.

(Échelle de $\frac{1}{100}$) Fig. 49.

Batterie N° 17. Fig. 54. (Echelle de 1/100)

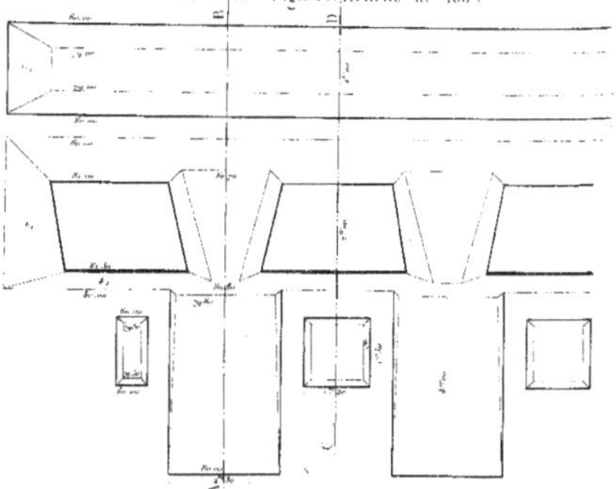

Profil suivant CD de la batterie N° 17. Fig. 55. (Echelle de 1/100)

Profil suivant AB de la batterie N° 17. Fig. 56. (Echelle de 1/100)

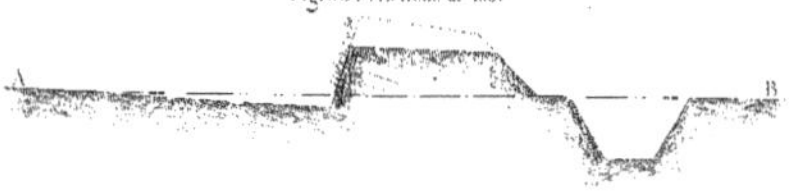

Fig. 57. (Echelle de 1/100) Ouvrage N° 3.

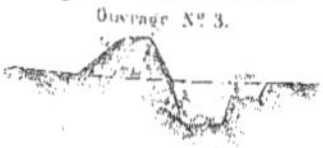

Fig. 58. (Echelle de 1/100) Ouvrage N° 3

Batterie N° 18. Fig. 59. (Echelle de 1/100)

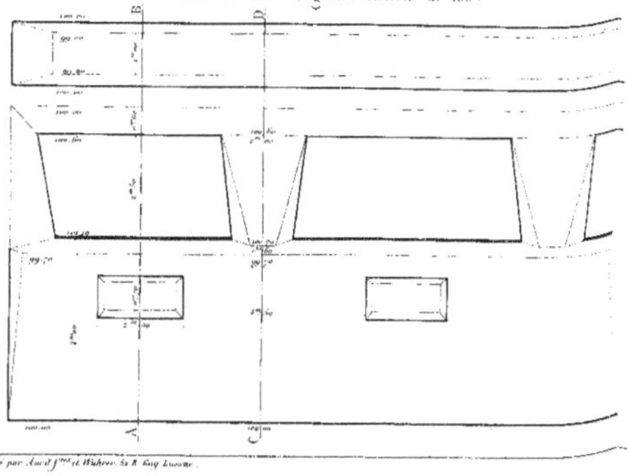

Profil suivant AB de la batie N° 18 Fig. 60. (Echelle de 1/100)

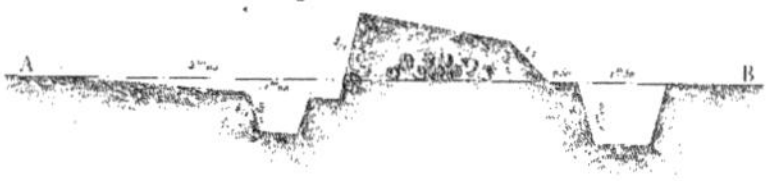

Profil suivant CD de la batie N° 18. Fig. 61. (Echelle de 1/100)

Gravé par Avril f^res et Wuhrer, 56 R. Gay Lussac.

Paris Imp. Becquet

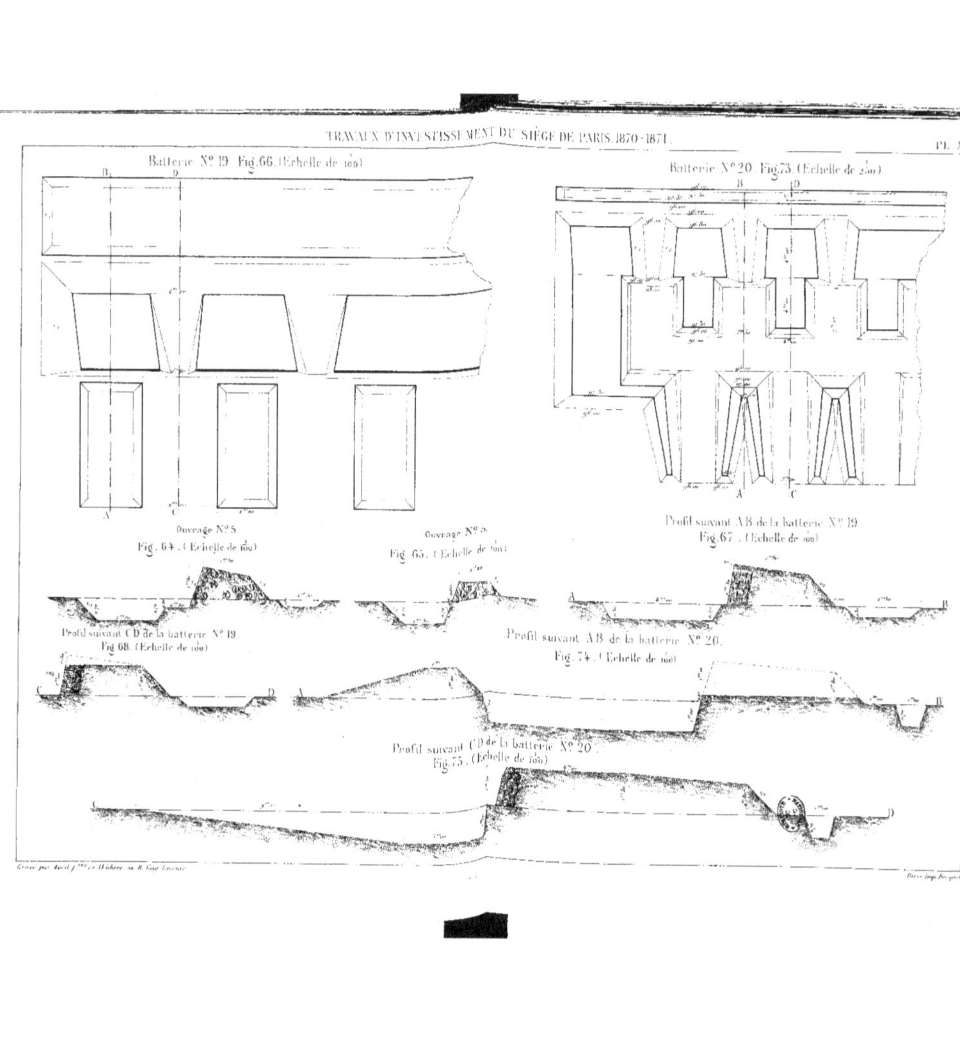
Batterie N° 19. Fig. 66. (Echelle de 1/100)
Batterie N° 20. Fig. 73. (Echelle de 1/250)
Ouvrage N° 5.
Fig. 64. (Echelle de 1/100)
Ouvrage N° 5.
Fig. 65. (Echelle de 1/100)
Profil suivant AB de la batterie N° 19.
Fig. 67. (Echelle de 1/100)
Profil suivant CD de la batterie N° 19.
Fig. 68. (Echelle de 1/100)
Profil suivant AB de la batterie N° 20.
Fig. 74. (Echelle de 1/100)
Profil suivant CD de la batterie N° 20.
Fig. 75. (Echelle de 1/100)

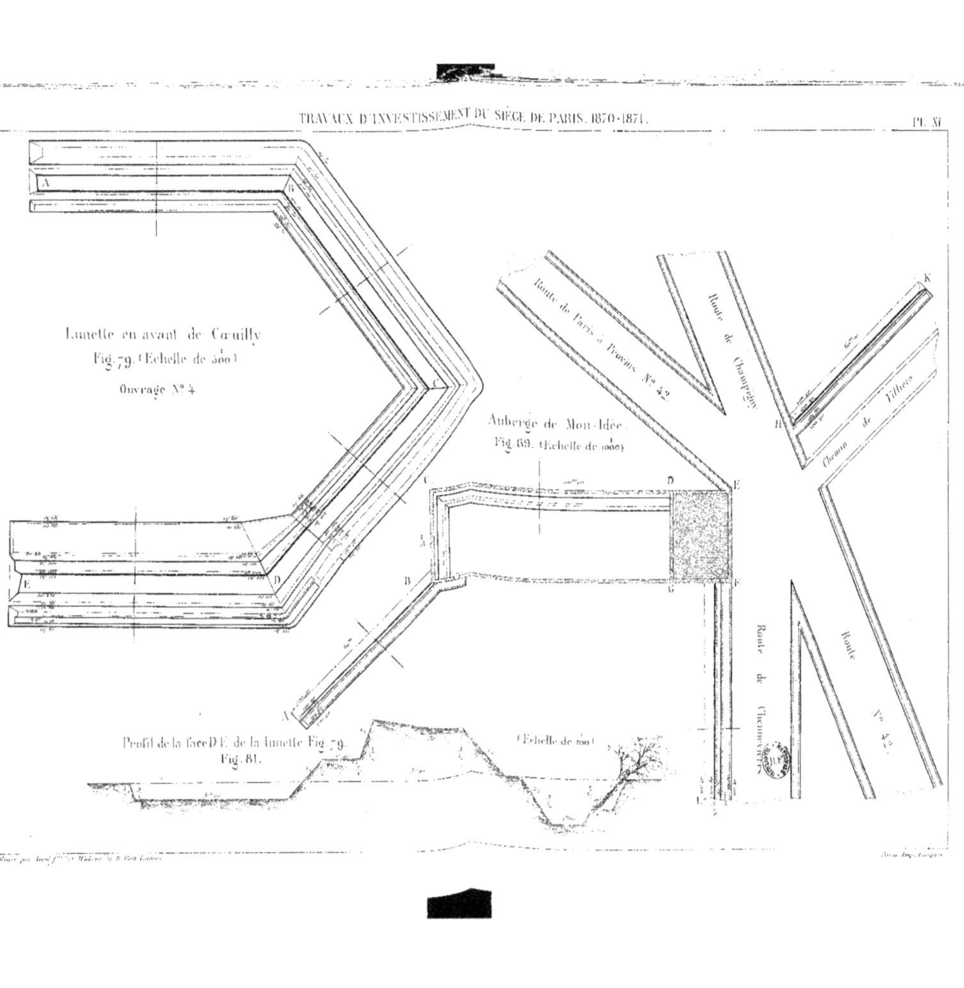
Lunette en avant de Cœuilly
Fig. 79. (Echelle de 1/500)
Ouvrage N° 4
Auberge de Mon-Idée
Fig. 69. (Echelle de 1/1000)
Route de Paris à Provins N° 42
Route de Champigny
Chemin de Villiers
Route de Chennevières
Route N° 42
Profil de la face DE de la lunette Fig. 79.
Fig. 81.
(Echelle de 1/100)

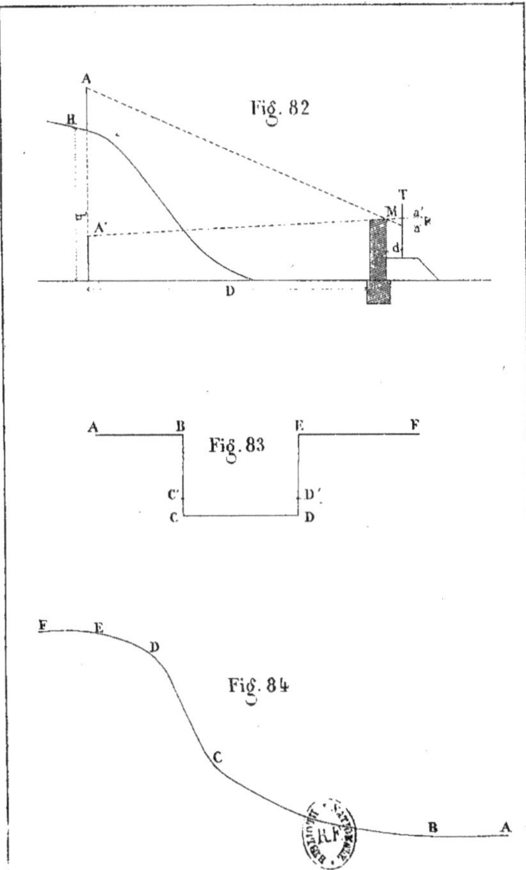
Fig. 82
A
B
A'
M
T
a'
a
d
D
Fig. 83
A
B
E
F
C'
D'
C
D
Fig. 84
F
E
D
C
B
A

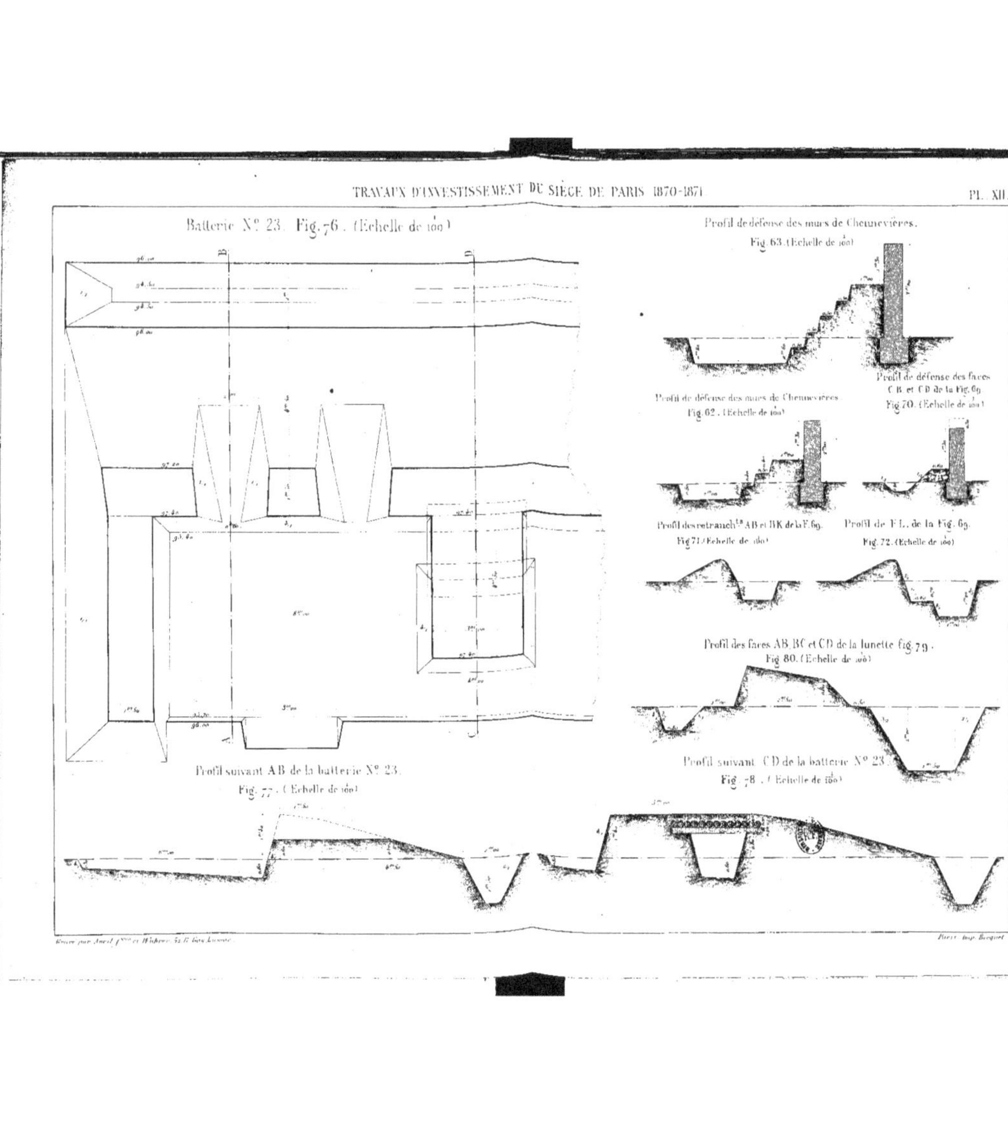
Batterie N° 23. Fig. 76. (Echelle de 1/100)
Profil de défense des murs de Chennevières.
Fig. 63. (Echelle de 1/100)
Profil de défense des faces CB et CD de la Fig. 69.
Fig. 70. (Echelle de 1/100)
Profil de défense des murs de Chennevières.
Fig. 62. (Echelle de 1/100)
Profil des retranch.ts AB et BK de la F. 69.
Fig. 71. (Echelle de 1/100)
Profil de FL de la Fig. 69.
Fig. 72. (Echelle de 1/100)
Profil des faces AB, BC et CD de la lunette fig. 79.
Fig. 80. (Echelle de 1/100)
Profil suivant CD de la batterie N° 23.
Fig. 78. (Echelle de 1/100)
Profil suivant AB de la batterie N° 23.
Fig. 77. (Echelle de 1/100)

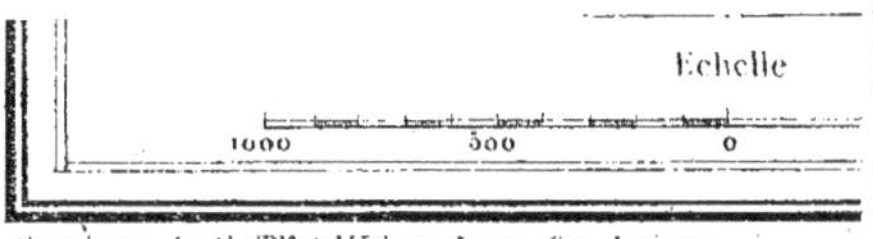

Echelle

1000 500 0

Gravé par Avril f^res et Wuhrer, 52, rue Gay Lussac.

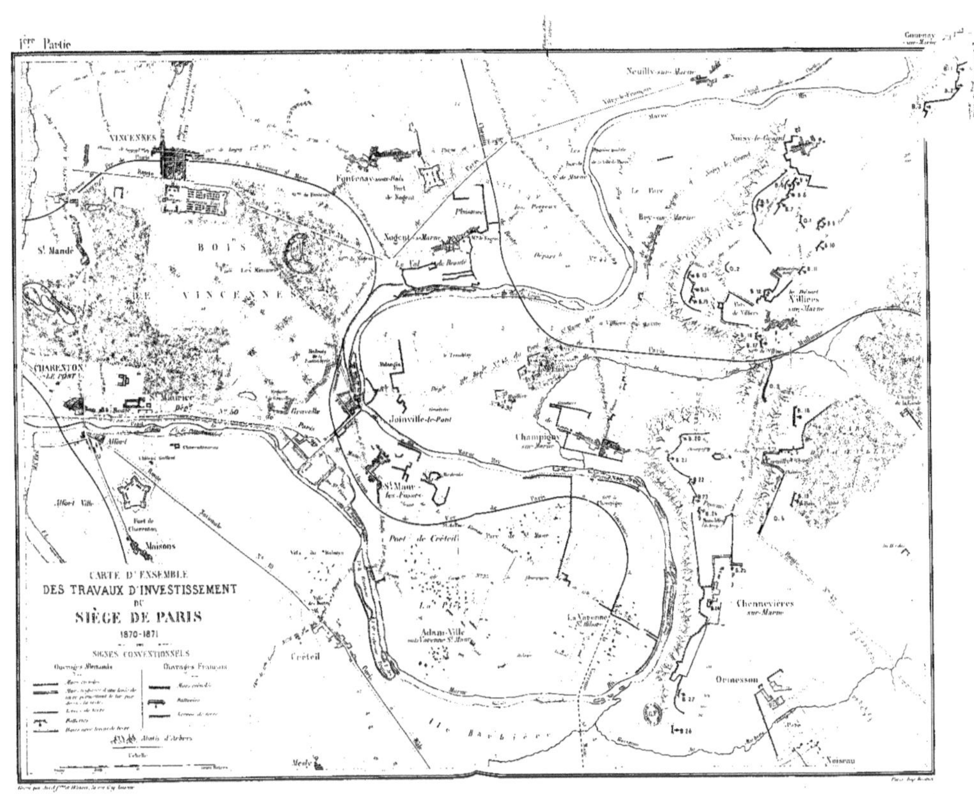
Ière Partie
CARTE D'ENSEMBLE
DES TRAVAUX D'INVESTISSEMENT
DU
SIÈGE DE PARIS
1870-1871
SIGNES CONVENTIONNELS
VINCENNES
BOIS
DE VINCENNES
S.t Mandé
CHARENTON LE PONT
S.t Maurice
Fontenay-sous-Bois
Nogent s/Marne
Neuilly-sur-Marne
Noisy-le-Grand
Bry-sur-Marne
Villiers sur-Marne
Joinville-le-Pont
Champigny sur-Marne
S.t Maur-les-Fossés
Alfort
Alfort Ville
Maisons
Créteil
Adam-Ville
La Varenne
Chennevières sur-Marne
Ormesson
Noiseau
Ile Barbière

www.ingramcontent.com/pod-product-compliance
Lightning Source LLC
LaVergne TN
LVHW020246230826
846091LV00006B/2264

9782013743280